I0101409

CHAMBRE DE COMMERCE DE LYON

(Séance du 21 Février 1901)

TRAVAIL DES HOMMES ADULTES

REVISION DU DÉCRET DU 17 MAI 1851

RAPPORT

De M. J. COIGNET

Vice-président de la Chambre

CHAMBRE DE COMMERCE DE LYON

(Séance du 21 Février 1901)

TRAVAIL DES HOMMES ADULTES

REVISION DU DÉCRET DU 17 MAI 1851

RAPPORT

De **M. J. COIGNET**

Vice-président de la Chambre

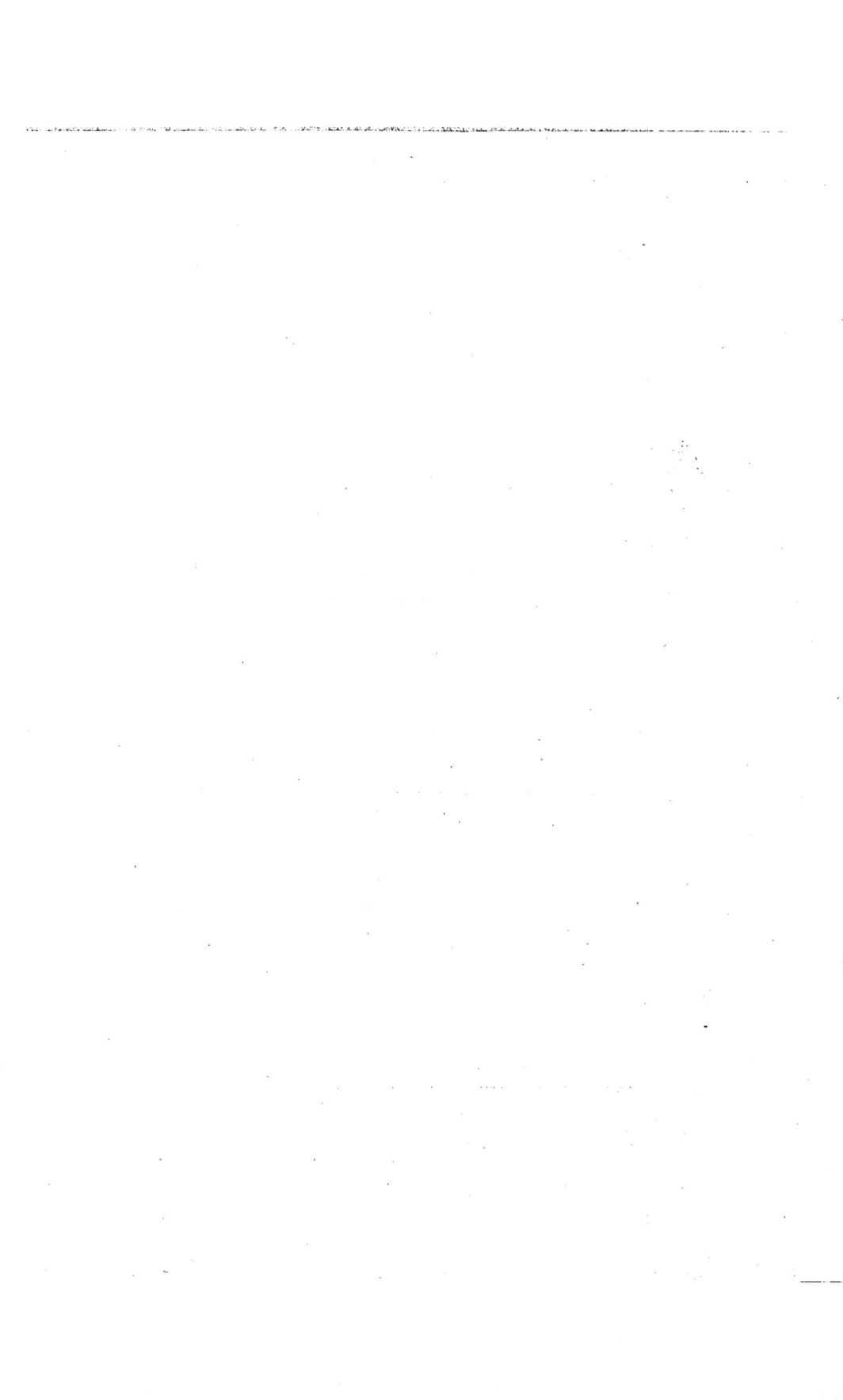

TRAVAIL DES HOMMES ADULTES

REVISION DU DÉCRET DU 17 MAI 1851

RAPPORT

De M. J. COIGNET

Vice-président

Dans la séance du vingt un février mil neuf cent un, où se trouvent réunis :

M. Aug. Isaac, *président;*

M. J. Coignet, *vice-président;*

MM. F. Guerin, Et. Testenoire, Martial Paufique, A. Teste, J. Carret, Frank Ricard, G. Lyonnet, Joseph Gillet, E. Richard, Louis Chavent, L. Permezel, Ed. Payen, Ulysse Pila, Achille Lignon et G. Chambeyron, *trésorier,* faisant fonction de *secrétaire;*

M. J. Coignet présente le rapport suivant au nom de la Commission de législation :

MESSIEURS,

Les journaux ont publié le texte d'un projet de décret[1] que le Gouvernement se propose de substituer au décret du 17 mai 1851 qui règlemente actuellement la durée du travail des hommes adultes dans les manufactures.

Votre Commission de législation a pensé que notre Chambre, représentant légal des intérêts de l'industrie et du commerce de notre région, devait

---

[1] Voir en annexe le texte de ce projet de décret.

exposer aux Pouvoirs publics, quelles sont les nécessités auxquelles sont assujetties nos industries et auxquelles, par conséquent, doit se plier toute réglementation.

La loi du 9 septembre 1848 posait simplement le principe de la limitation à 12 heures de la durée de la journée de travail de l'ouvrier adulte dans les manufactures.

La loi du 3o mars 1900 a édicté de nouvelles prescriptions pour les ouvriers adultes travaillant dans les mêmes locaux que les femmes et les enfants. Mais en ajoutant, concernant cette catégorie d'ouvriers adultes, un nouveau paragraphe à l'article 1er de la loi de 1848, elle a laissé intact l'article 2 de cette loi. Cet article est ainsi conçu :

« Des règlements d'administration publique détermineront les exceptions qu'il sera nécessaire d'apporter à cette disposition générale, à raison de la nature des industries ou des causes de force majeure. »

Il résulte de ce texte que les règlements d'administration publique peuvent apporter toutes les exceptions exigées par la nature des industries aux deux catégories d'ouvriers adultes visés par la loi de 1848 et par celle de 1900, et cela sans que la loi ait imposé aucune limite au pouvoir exécutif pour édicter cette réglementation.

Cette interprétation est acceptée par M. le Ministre du commerce, et c'est pour ces deux catégories d'ouvriers adultes que le projet de décret que nous examinons en ce moment édicte des prescriptions.

Nous devons toutefois protester contre la rédaction du premier paragraphe de l'article 1er du projet de décret, rédaction qui définit les deux catégories d'ouvriers adultes dont nous venons de parler.

On sait que des difficultés d'interprétation se sont élevées au sujet de l'étendue plus ou moins grande qu'on doit attribuer à la catégorie d'ouvriers adultes assujettis aux prescriptions de la loi de 1900.

Cette loi dit dans son article 2 :

« Dans les établissements énumérés dans l'article 1er de la loi du 2 novembre 1892 qui emploient dans les mêmes locaux des hommes adultes et des personnes visées par ladite loi, la journée de ces ouvriers ne pourra excéder onze heures de travail effectif. »

La difficulté d'interprétation, outre l'extension plus ou moins grande qu'on peut donner au mot « local », est la suivante :

Ces ouvriers, assujettis à la limitation de onze heures, sont-ils seulement ceux qui sont à la fois dans les locaux à personnel mixte et dans les établissements qui renferment ces locaux, comme il nous semble résulter du texte, ou bien sont-ils aussi les ouvriers adultes qui travaillent dans des locaux où n'existent ni femmes ni enfants, mais appartenant au même établissement que des locaux à personnel mixte?

C'est cette seconde interprétation que paraît vouloir consacrer l'article 1er du projet de décret en disant :

« La durée du travail journalier des ouvriers adultes peut... être élevée au-dessus des limites... fixées par l'article 2 de la loi du 30 mars 1900, en ce qui concerne les établissements industriels employant dans les mêmes locaux des hommes adultes et des enfants, des filles mineures ou des femmes. »

La question sera sans doute portée devant les Tribunaux et la jurisprudence la résoudra. Mais en attendant, et quoique la rédaction d'un décret ne puisse prévaloir contre celle d'une loi, il nous paraît inutile qu'une nouvelle rédaction vienne encore augmenter la confusion actuelle.

Nous devons donc demander que le décret dise simplement :

« La durée du travail journalier des ouvriers adultes peut... être élevée au-dessus des limites respectivement fixées par l'article 1er de la loi du 9 septembre 1848 et par l'article 2 de la loi du 30 mars 1900. »

Cette rédaction, qui ne fait que viser les lois, ne préjuge pas de leur interprétation, et ne définit pas de nouveau les catégories qui relèvent respectivement de l'une ou l'autre loi.

Cette observation préliminaire étant faite, nous devons examiner quelles sont les exceptions nécessaires aux industries de notre région que doit comprendre le nouveau décret.

Et d'abord, à quelles prescriptions des lois de 1848 et de 1900 le décret doit-il apporter des exceptions?

Si l'interprétation que notre Chambre a soutenue dans sa délibération du 29 novembre 1900 devait prévaloir, le décret n'aurait à se préoccuper que de la durée de la journée de travail. Car, d'après cette interprétation, la loi de 1900 avait seulement imposé la limitation à onze heures de la journée de travail des ouvriers adultes travaillant dans les équipes mixtes, mais sans leur imposer de prescriptions sur la répartition des heures de travail.

Or, un arrêt de la Chambre criminelle de la Cour de cassation, en date du 26 janvier 1901, vient de condamner cette interprétation et décide que les prescriptions de l'article 3 de la loi de 1892, dans la nouvelle rédaction qu'a adoptée l'article 1ᵉʳ de la loi du 30 mars 1900, sont applicables aux ouvriers adultes de l'équipe mixte, c'est-à-dire que ceux-ci doivent entrer à l'usine à la même heure que les femmes et les enfants, en sortir à la même heure et prendre leurs repas à la même heure.

Nous ne savons si cet arrêt fera jurisprudence, car il a été rendu seulement sur un appel d'un jugement du Tribunal de simple police de Nancy, appel fait dans l'intérêt de la loi par l'avocat général, et par conséquent sans qu'il y ait eu de mémoires contradictoires produits devant la Cour. Il est possible que la Cour de cassation, après des arrêts en sens divers rendus par les juridictions diverses, se prononce autrement.

Mais notre Chambre estimera que, plutôt que d'attendre les résultats d'une longue campagne judiciaire et sans enlever aucun droit aux justiciables, il serait préférable que le Pouvoir exécutif soustraie dès maintenant, par le nouveau décret, les industries qui ont besoin de l'être, aux conséquences de la jurisprudence provisoirement créée par l'arrêt de cassation du 26 janvier 1901.

C'est dans cet ordre d'idées que nous allons examiner en détail la réglementation proposée par le projet de décret.

Le décret du 17 mai 1851 prévoyait deux séries d'exceptions : les unes visaient des industries nominativement désignées ; les autres visaient des travaux spéciaux qui s'effectuent dans la plupart des usines, comme le travail des chauffeurs de chaudières.

On pouvait s'attendre à voir la liste des industries admises aux exceptions en 1851 grossie de toutes les industries nées depuis cette époque et qu'on aurait reconnues être dans la même situation.

Au lieu de cela, le projet de décret, non seulement n'ajoute aucune industrie, mais encore les supprime toutes, à l'exception de celles de la mouture des grains et de celle des imprimeries typographiques, lithographiques et en taille-douce.

Ainsi, sont supprimées les exemptions dont jouissaient, d'après le décret de 1851, les industries de la colle forte, du savon, de la fonte, affinage, étamage et galvanisation de métaux, de la teinturerie, de la blanchisserie, des fabriques d'indiennes, des fabriques et raffineries de sucre, des fabriques de produits chimiques, d'imprimerie sur étoffes, d'apprêts d'étoffes.

Dans ces conditions, la conservation des seules industries de la mouture des grains et de celle de l'imprimerie apparaissent comme un véritable privilège dont on aperçoit facilement les motifs. L'exemption concernant la mouture des grains est limitée aux moulins à eau et aux moulins à vent. C'est donc l'ouvrier agricole qu'on n'a pas voulu entamer, car on connaît l'accueil que feront nos paysans aux lois futures qui viendront leur interdire de travailler plus de dix heures pendant la belle saison.

Quant à l'imprimerie, c'est évidemment l'industrie des journaux qu'on n'a pas voulu gêner.

Aucune autre industrie n'a trouvé grâce.

Le projet de décret supprime donc la possibilité des heures supplémentaires pour toutes les industries saisonnières.

Notre Chambre doit protester énergiquement contre cette suppression qui lésera profondément un grand nombre d'industries et ira directement contre les intérêts des ouvriers. Car ces heures supplémentaires compensaient, pour les ouvriers de ces industries, les chômages forcés des mortes-saisons. Désormais, ces industries ne pourront vivre qu'en restreignant leur production, de façon à amener dans chaque centre industriel la constitution d'une masse flottante d'ouvriers en chômage, dans lesquels on puisera pour effectuer les travaux supplémentaires.

Cette nécessité des heures supplémentaires pour les industries saisonnières a été admise, même en ce qui concerne les femmes et les enfants.

Ainsi, le décret du 15 juillet 1893, modifié par celui du 26 juillet 1895, autorise l'inspecteur divisionnaire à lever temporairement les restrictions relatives à la durée du travail des femmes et des enfants, et cela sans limite imposée par la loi, dans les industries suivantes qui intéressent particulièrement notre région : teinture, apprêt, blanchiment, impression, gaufrage et moirage des étoffes ; tissage des étoffes de nouveauté destinées à l'habillement ; tulles, dentelles et laizes de soie ; colles et gélatines (fabrication de) confections de chapeaux, de corsets, de lingerie, vêtements, fourrures, etc.

Au contraire, aucune heure supplémentaire ne sera permise aux hommes adultes travaillant dans ces industries, si ce n'est, en vertu de l'article 3 du projet de décret, aux hommes adultes travaillant dans les mêmes locaux que les femmes et les enfants.

Le maintien de la faculté des heures supplémentaires pour toutes les

industries saisonnières est donc absolument indispensable. On peut seulement admettre que le décret limite ce nombre d'heures supplémentaires et
le nombre de jours pendant lesquels on peut y avoir recours. Toutes les
industries se contenteront des limites adoptées par le décret pour les impri-
meurs, savoir deux heures supplémentaires par jour avec un maximum
annuel de cent heures, ou, mieux, avec un maximum de quatre-vingt-dix
jours par an, par analogie avec l'article 3 du décret du 15 juillet 1893.

Il conviendrait d'ajouter, pour être admises à jouir de cette faculté, aux
industries visées dans le décret de 1851, celles visées dans le décret du
15 juillet 1893, et celles qu'une nouvelle enquête démontrera nécessaire d'y
comprendre. Nous signalerons dès maintenant les chantiers de construc-
tions et l'industrie des pâtes alimentaires, qui ont acquis une grande impor-
tance dans notre région.

La seconde série d'exceptions que prévoit le projet de décret est celle qui
concerne des travaux spéciaux effectués dans une industrie quelconque.

Parmi les travaux de cet ordre que prévoyait le décret de 1851, le futur
décret supprime les travaux de lessivage, d'avivage et de décatissage. Il ne
retient que les travaux de gardes de nuit; des ouvriers employés à la conduite
des fours, fourneaux, étuves, sécheries ou chaudières; des mécaniciens
employés au service des machines motrices; des ouvriers employés à l'entretien et au nettoyage des machines; et enfin les travaux nécessités par un
accident arrivé à l'outillage ou au bâtimemt.

Tandis que le décret de 1851 accordait à ces travaux des exemptions
totales, le futur décret les réglemente étroitement, et les limite suivant les
cas à une demi-heure, une heure, ou une heure et demie. En outre, en ce
qui concerne les ouvriers préposés à la conduite des fours, fourneaux, étuves
sécheries ou chaudières, il apporte une restriction importante, qui n'existait
pas dans le décret de 1851. Il exige que le travail ait un caractère purement
préparatoire ou complémentaire et ne constitue pas le travail fondamental
de l'établissement. C'est dire que les exemptions ne s'appliquent ni à la
teinture, ni aux produits chimiques.

Nous devons protester énergiquement contre cette restriction qui amène
de telles exclusions et sera en outre, dans son interprétation, la source de
difficultés sans nombre.

Même si on supprimait cette restriction, votre Commission ne pourrait affirmer que la limitation étroite des heures supplémentaires accordées à ces divers travaux dans le projet de décret sera suffisante dans tous les cas. Il faudrait, pour pouvoir l'affirmer, une enquête approfondie auprès de toutes les industries.

Mais, dès maintenant, votre Commission signale une lacune importante. Depuis la loi de 1900 et le jugement de la Cour de cassation cité au début de ce rapport, il est absolument nécessaire que le décret dise que les ouvriers chargés de ces travaux pourront déroger à l'article 3 de la loi de 1892 (rédaction de 1900), c'est-à-dire pourront travailler à d'autres heures que les heures générales de travail du personnel mixte de l'usine. Il est en effet absolument indispensable que les chaudières, étuves, etc. soient surveillées pendant les heures des repas.

Pour les chaudières à vapeur, c'est une question de sécurité ; pour les autres appareils, étuves, etc., la surveillance est nécessaire pour la conservation des matières mises en œuvre. C'est le cas en particulier des bains de teinture. Dans beaucoup de cas, il faut maintenir en mouvement certains appareils, comme les ventilateurs, même pendant l'heure du repas : cela entraîne le maintien en marche d'une machine motrice et, par conséquent, un personnel pour les surveiller.

Cette nécessité de surveillance pendant les heures de repas et de prolongation de la journée normale, avant ou après les heures régulières, n'existe pas seulement pour les appareils de chauffage énumérés dans le projet de décret. Elle existe pour tous les appareils où s'effectue une opération continue, comme les opérations chimiques. C'est ce qu'avait reconnu le décret de 1851 en visant, dans les exceptions, les fabriques de produits chimiques, de colles fortes et de savons. Aujourd'hui, toutes ces industries deviendraient impossibles, si on n'accorde pas la double faculté de faire des heures supplémentaires et de travailler pendant l'heure du repas pour les opérations continues de ces industries.

Une exception du même genre est nécessaire pour les travaux de préparation des matières mises en œuvre dans une équipe mixte. Nous citerons comme exemple l'industrie des pâtes alimentaires, qui a pris une grande extension à Lyon et n'était pas prévue en 1851. Il est absolument nécessaire que les ouvriers pétrisseurs de la pâte viennent à l'usine avant l'heure du travail général. De même, pendant l'heure du repas et après la journée, il est nécessaire que des ouvriers continuent un minimum de travail avec la pâte qui existe dans les machines, sous peine de voir celle-ci s'avarier.

Nous citerons encore une exception nécessaire : c'est la faculté d'heures supplémentaires pour les équipes d'ouvriers chargées des déchargements de marchandises ou des expéditions. Depuis longtemps M. le Ministre des travaux publics se préoccupe de toutes les mesures susceptibles d'empêcher l'immobilisation dans les gares du matériel des chemins de fer.

Dans le récent arrêté réglant les frais accessoires à partir du 1er janvier 1901, M. le Ministre a augmenté dans ce but les taxes de magasinage. En ce qui concerne les usines ayant un embranchement particulier, la marchandise doit être déchargée dans les six heures. On sait d'autre part que, pour faciliter leur exploitation, les compagnies cherchent à grouper les wagons destinés à une même usine, de sorte que les arrivages sont bien irréguliers. Comment veut-on que le commerçant décharge la marchandise dans les délais prévus, sans heures supplémentaires de son personnel de déchargement, les jours où il y a une accumulation de wagons à la gare ?

Enfin, une dernière exception est à prévoir, c'est celle qui concerne la relève des équipes de nuit.

La loi de 1848 et le décret de 1851 sont muets sur ce point. Il est donc douteux que leurs prescriptions, qui visent uniquement la durée normale du travail et les heures supplémentaires, soient applicables à ce cas spécial. Mais, comme l'Inspection du travail prétend, depuis quelques mois, que la relève des équipes de nuit ne doit pas entraîner plus de douze heures de travail dans la journée, il est nécessaire d'examiner cette question.

On sait que dans notre région, dans les usines qui ont du travail de nuit, comme la métallurgie, les produits chimiques, les fabriques de colle et de savon, la relève s'effectue par des équipes de vingt-quatre heures ou de dix-huit heures. Ce travail prolongé n'est pas aussi pénible qu'on peut le supposer. En premier lieu, il s'applique en général à des travaux où l'effort musculaire n'est qu'intermittent, souvent à de simples travaux de surveillance. En second lieu, lorsque la relève a lieu tous les quinze jours, comme c'est le cas général, une même équipe ne fait la journée de dix-huit ou vingt-quatre heures qu'une fois tous les mois, et ce long travail est compensé par un congé de dix-huit ou vingt-quatre heures la quinzaine suivante. Ce congé est tellement apprécié, que beaucoup d'ouvriers préfèrent la relève par vingt-quatre heures à la relève par dix-huit heures.

Tous les travaux et industries qui jouissaient de l'exemption totale du décret de 1851 pouvaient maintenir ce système de la relève. Avec le nouveau projet de décret, cette faculté est supprimée.

Il est donc nécessaire que le nouveau décret dise comment il entend que soit organisée cette relève.

Il n'y a, en effet, que deux manières d'organiser la relève pour que jamais il n'y ait plus de douze heures de travail par journée.

Le premier système consiste à organiser, au moins au moment de la relève, le travail par quart, de façon que le doublement du quart, nécessaire pour la relève, atteigne seulement douze heures. Mais le Ministère du commerce prétend que ce travail, pour les adultes des équipes mixtes, est contraire à la loi de 1900. La question, agitée à propos de la grève des tullistes n'a pas encore été soumise à la Cour de cassation. Mais, quelle que soit sa solution, ce genre de travail ne sera jamais accepté par les ouvriers pour les travaux comme ceux des chauffeurs de chaudière.

Le second système consiste à organiser des relais, c'est-à-dire à faire faire le travail, au moment de la relève, par une troisième équipe distincte de l'équipe de jour et de l'équipe de nuit.

Ce système peut être organisé dans les usines où le travail de nuit n'est effectué que par un nombre d'ouvriers très petit vis-à-vis du nombre total des ouvriers de l'usine. Il est impraticable dans les usines où le travail de nuit est important.

Mais ce système est-il légal ? L'article 11 de la loi du 2 novembre 1892 (rédaction de 1900) l'interdit. Cet article est-il applicable aux adultes des équipes mixtes ? M. le Ministre du commerce prétend que oui. Si son interprétation triomphe, ce système est encore à rejeter pour ces adultes. Et si la jurisprudence consacre l'extension donnée par la circulaire ministérielle du 17 mai 1900 au mot « local », ce système deviendra illégal dans tous les établissements qui occupent une seule femme ou un seul apprenti.

Il est vrai que ce même article 11 déclare qu'il n'est pas applicable aux usines à feu continu et aux établissements déterminés par un règlement d'administration publique.

Mais les usines à feu continu ne sont plus, comme sous l'empire de la loi de 1846, définies par la loi; elles sont nominativement et limitativement énumérées dans le décret du 15 juillet 1893. Une foule d'usines qui ont du travail de nuit ne sont pas comprises dans cette dénomination fort courte. En particulier, les fabriques de colle et de savon, comprises dans le décret de 1851, ne sont pas classées dans les usines à feu continu.

Votre Commission estime que, dans cette situation, le projet de décret que nous examinons doit se préoccuper de la relève des équipes de nuit et dire quel système il est loisible d'employer. Elle pense que la seule chose à faire est d'excepter de toute limitation la relève de l'équipe de nuit, de façon à permettre aux ouvriers de discuter librement, avec leurs patrons, le système qui convient le mieux à chaque industrie. Le décret pourrait seulement prescrire que la relève ne doit s'effectuer que tous les huit jours ou tous les quinze jours.

Nous avons énuméré toutes les additions à faire à l'article 1er du projet de décret que le Ministère du commerce va soumettre à l'examen du Conseil d'Etat. Ces additions sont nécessaires si on ne veut pas jeter le trouble le plus profond dans la plupart des industries, en rendre même une grande partie impossible.

Nous n'avons pas la prétention d'avoir signalé toutes les exceptions nécessaires à toutes les industries de notre circonscription; il faudrait, pour ne faire aucune omission, faire une enquête détaillée auprès de chaque industrie.

Nous avons encore moins la prétention d'avoir signalé les exceptions nécessaires aux industries des régions industrielles autres que la nôtre.

Mais quand les autres Chambres de commerce auront fait l'étude que nous venons d'accomplir, quand les Pouvoirs publics auront donné satisfaction, par une série de décrets, aux réclamations de toutes les industries, nous aurons une réglementation industrielle digne des ordonnances de Louis XI et de Colbert.

Pourra-t-elle se flatter d'être parfaite? Et si elle est parfaite un jour, ne devra-t-elle pas être remaniée tous les jours, à mesure que les inventions nouvelles viendront créer de nouvelles industries ou modifier le mode de travail des anciennes?

Le rédacteur du projet de décret que nous examinons en a bien le sentiment. Il ajoute à la fin de son énumération l'exception dernière que voici:

« Travaux que rendent immédiatement nécessaires un accident arrivé à un moteur, à une chaudière, à l'outillage ou au bâtiment même d'une usine, ou *tout autre cas de force majeure*. »

Il est vrai qu'effrayé de cette concession à la liberté, il ajoute dans l'article 2 que, dans ce cas de force majeure, l'Inspecteur divisionnaire du travail doit être avisé par exprès ou télégramme, et qu'il a le droit d'opposer son veto au travail supplémentaire que veut faire exécuter l'industriel en face d'un cas de force majeure.

Ainsi, c'est au pouvoir discrétionnaire de l'Inspecteur du travail qu'aboutit cette réglementation du travail des hommes adultes.

Remettre les intérêts les plus graves des industries à la discrétion d'un seul fonctionnaire, exposé à toutes les influences politiques, paraîtra inadmissible.

De telles conséquences montrent que la réglementation du travail des hommes adultes est une œuvre mauvaise en soi, contraire à la liberté et à la dignité du citoyen.

Si la réglementation du travail des enfants et des femmes se comprend, parce que ce sont des êtres faibles et en tutelle, que leurs pères ou maris peuvent pousser à un travail au-dessus de leurs forces, au lieu de chercher à le réduire, la réglementation du travail des hommes adultes ne se comprend pas lorsque les ouvriers ont le droit de s'associer, de former des syndicats, de se mettre en grève, pour faire prévaloir leurs revendications.

Une réglementation du travail des hommes adultes doit être spéciale pour chaque industrie. Si perfectionnée soit-elle, elle sera toujours incomplète, inadéquate à la variation incessante des industries.

Elle sera surtout vexatoire, et pour les patrons et pour les ouvriers, dont elle supprimera le bien le plus précieux, la liberté.

Son principe, introduit dans la loi en 1848, dans une heure d'inexpérience politique et sociale, était resté lettre morte grâce au décret de 1851, grâce surtout à ce que personne n'a jamais cherché à l'appliquer.

La loi du 30 mars 1900 a tenté de reprendre ce principe et de l'appliquer, avec aggravation, aux adultes travaillant dans les équipes mixtes.

On cherche aujourd'hui à en généraliser l'application au plus grand nombre d'ouvriers possible.

Les Pouvoirs publics courent ainsi au devant de difficultés inextricables, et les ouvriers seront les premiers à se soulever contre une législation tyrannique, quand ils verront que leurs salaires sont atteints et qu'ils n'ont plus le droit de discuter le mode de travail qui leur sera imposé.

Ce rapport entendu,

LA CHAMBRE DE COMMERCE DE LYON,

A l'unanimité, l'adopte, le transforme en délibération et décide qu'il sera adressé à M. le Ministre du commerce, de l'industrie, des postes et des télégraphes et à toutes les Chambres de commerce de France.

Elle en vote ensuite l'impression.

Pour extrait conforme :
Le Trésorier, f/f^ons de Secrétaire,
G. CHAMBEYRON.

ANNEXE

Projet de Réforme du décret de 1851.

ARTICLE PREMIER. — La durée du travail journalier des ouvriers adultes peut, pour les travaux désignés au tableau suivant et conformément à ses indications, être élevée au-dessus des limites respectivement fixées par l'article premier de la loi du 9 septembre 1848, en ce qui concerne les établissements industriels n'employant que des hommes adultes, et par l'article 2 de la loi du 30 mars 1900, en ce qui concerne les établissements industriels employant dans les mêmes locaux des hommes adultes et des enfants, des filles mineures ou des femmes.

Travail des ouvriers spécialement employés, dans une industrie quelconque, à la conduite des fours, fourneaux, étuves, sécheries ou chaudières autres que les générateurs pour machines motrices, sous la condition que ce travail ait un caractère purement préparatoire ou complémentaire et ne constitue pas le travail fondamental de l'établissement. — Limite d'augmentation de durée du travail journalier : Une heure au delà de la limite assignée au travail général de l'établissement.

Travail des mécaniciens employés au service des machines motrices : une heure au delà de la limite assignée au travail général de l'établissement.

Travail des chauffeurs employés au service des chaudières pour machines motrices : une heure et demie au delà de la limite assignée au travail général de l'établissement.

Travail des gardiens de nuit : deux heures au delà de la limite fixée par l'article premier, paragraphe 1, de la loi du 9 septembre 1848.

Travail des ouvriers employés à l'entretien et au nettoyage des machines productrices (métiers, machines-outils, etc.), mises préalablement au repos : une demi-heure au delà de la limite assignée au travail général de l'établissement.

Travail des ouvriers spécialement employés à la mouture des grains dans les moulins exclusivement actionnés par l'eau ou par le vent : deux heures au delà de la limite fixée par l'article premier, paragraphe 1, de la loi du 9 septembre 1848.

Travail du personnel des imprimeries typographiques, lithographiques et en taille douce : deux heures au delà de la limite fixée par l'article premier, paragraphe 1, de la loi du 9 septembre 1848. Maximum annuel de 100 heures.

Travaux exécutés dans l'intérêt de la sûreté et de la défense nationale, sur un ordre du gouvernement constatant la nécessité de la dérogation : limite à fixer dans chaque cas, de concert entre le Ministre du commerce et de l'industrie et le Ministre qui ordonne les travaux.

Travaux que rendent immédiatement nécessaires un accident arrivé à un moteur, à une chaudière, à l'outillage ou au bâtiment même d'une usine, ou tout autre cas de force majeure : pour le premier jour, faculté illimitée ; pour les jours suivants, deux heures au delà de la limite fixée par l'article 1er, § 1, de la loi du 9 septembre 1848.

Art. 2. — Tout chef d'établissement qui veut user des facultés prévues à l'article 1er est tenu de faire connaître préalablement à l'inspecteur divisionnaire du travail le nombre des ouvriers pour lesquels la durée du travail journalier sera augmentée, les heures de travail et de repos de ces ouvriers, celles de l'ensemble du personnel de l'établissement et les jours auxquels s'applique l'augmentation.

Si l'augmentation de durée du travail journalier est motivée par un cas de force majeure outre ceux qui sont expressément spécifiés à l'article 1er, l'avis doit être envoyé par exprès ou par télégramme. L'inspecteur divisionnaire a le droit d'opposer son *veto*.

Art. 3. — Les facultés d'augmentation de la durée du travail journalier accordées pour les enfants, les filles mineures ou les femmes, en vertu de la loi du 2 novembre 1892, s'appliquent de plein droit aux ouvriers adultes employés dans les mêmes locaux.

Art. 4. — Les décrets du 17 mai 1851, du 31 janvier 1866, du 3 avril 1889 et du 10 décembre 1899 sont abrogés.

Lyon. — Imp. A. REY, 4, rue Gentil. — 96042

www.ingramcontent.com/pod-product-compliance
Lightning Source LLC
Chambersburg PA
CBHW060722280326
41933CB00013B/2532